L'UNION LABORIEUSE.

ASSOCIATION

CONTRE LA MISÈRE.

PARIS.

DÉPOT RUE DU TEMPLE, 5,

AU PREMIER.

1848.

J'ai cherché huit jours, sans rencontrer, un de ces hommes dévoués à la cause du peuple, un cœur qui s'émût et comprît les souffrances de l'ouvrier, et qui voulût apporter un remède à cette misère qui le dégrade. Je n'ai trouvé que l'égoïsme. Développer mes idées pour venir au secours de mes frères !... mais il existait une barrière puissante !... l'argent. Pas un libraire qui consentît à devenir mon éditeur ; pas un journaliste qui voulût donner à ce projet, conçu pour le bonheur de l'humanité, la place qu'il laisse chaque jour au feuilleton, comme s'il devait tout à l'oisiveté aux dépens de la misère.

Après huit jours de recherches inutiles, lassé, abattu de douleur, le désespoir au fond de l'âme, sans travail comme mes frères, sans appui pour le lendemain, je regagnais ma demeure lentement, et réfléchissant avec amertume à cette devise du drapeau républicain : *Liberté, Égalité, Fraternité*, je sentais un dégoût profond de la vie, une haine violente contre cet individualisme inintelligent dont les passions ou les terreurs tarissent les sources de la vie et prolongent les crises et les misères de l'humanité. Alors, comme tout homme qui souffre, j'élevai mes yeux vers le ciel, en me disant : Est-ce là le seul remède contre les souffrances et la misère !

C'est alors que pour relever mon courage abattu, vous êtes venue sur ma route, et que, forte par le cœur, sympathisant à toutes les souffrances, vous avez accueilli mes idées, vous m'avez aidé dans mon œuvre, vous m'avez ouvert une voie pour atteindre le but. En mon nom et au nom de mes frères, merci !... c'est par vous que je puis m'entretenir et m'entendre avec eux, par vous que je puis publier ce projet qui donne pour l'avenir un développement si vaste à l'industrie, en encourageant le travailleur, en lui montrant pour prix de ses labeurs une vieillesse heureuse et calme, au lieu de la misère et du découragement, au lieu, pour récompense de ses peines, de lui laisser pour espérance dernière un grabat et le pain de l'aumône ou les maisons de charité publique.

Encore une fois, merci pour eux ! Pour moi, je ne puis payer ma dette envers vous que par une reconnaissance sans bornes ; mais j'ai l'espoir de vous donner un ample dédommagement dans l'avenir, celui qu'éprouve une âme grande et généreuse de voir des êtres heureux et de savoir que ce bonheur est son ouvrage.

INTRODUCTION.

APPEL AUX OUVRIERS.

O mes frères, soyez donc assez sages pour être unis, assez forts pour sortir d'une dégradante tutelle ; la société tout entière doit vous aider dans cette œuvre, c'est son intérêt. Les fortunes acquises par quelques individus, ne font pas la richesse publique ; l'industrie a besoin pour se relever d'atteindre ce double but : le fini et le bon marché ; et comment l'atteindre si le spéculateur avide se place toujours entre le travailleur et l'acheteur, et double la valeur des objets? Le consommateur achète cher, l'ouvrier produit à vil prix, et le bénéfice entre dans les coffres de celui qui n'a rien fait pour produire que de fournir des capitaux, qui ne sont en définitif qu'une chaîne qui rive le vol à la misère, qui exploite la bourse de l'acheteur, et rit des besoins du travailleur. Unissez-vous donc, ouvriers mes frères, et que de ce système d'association sorte enfin votre bien-être en même temps que celui de la société ; cette tutelle soit des capitaux, soit de l'état, c'est la dégradation de l'homme par l'homme, c'est la servitude organisée. Repoussez donc désormais toute tentative qui n'aurait, sous une apparence quelconque, que le but caché de faire de vous des instruments de fortune, sans vous laisser dans un avenir prochain un espoir de bien-être, sans donner à vos vieux jours aide et protection, en laissant suspendu sur vos têtes ce glaive effilé, cette menace éternelle, cette alternative effrayante de la servitude ou de la misère.

Unissez-vous, ouvriers mes frères, c'est de là seulement que doit sortir pour vous le bien-être. Et la société qui vous repousse quand elle veut vous opprimer, qui vous flatte quand elle vous craint, vous bénira plus tard de votre énergie, parce que votre bien-être fera le sien ; parce qu'elle deviendra prospère à mesure que grandira votre prospérité, parce que vous êtes le premier et le dernier anneau de la chaîne ; parce que sous vos blouses, vous ne pouvez souffrir et vous remuer, sans ébranler l'édifice social, et que votre bonheur est la première garantie de l'ordre et du bonheur de tous les citoyens.

Vous qui possédez l'argent et le sol ! vous qui ne voulez pas exploiter, mais qui voulez conserver ; vous qui plaignez la misère, mais qui ne voulez pas la spoliation, venez en aide aux travailleurs! L'ouvrier n'envie pas votre luxe, ni vos richesses ; il réprouve tous ces honteux moyens ; il veut grandir par le travail, et vous laisse tous ces hochets qui captivent vos loisirs. Il sait que la richesse est nécessaire, qu'il faut des pauvres et des riches ; il sait que le luxe est indispensable à l'industrie, que c'est pour lui que l'artiste travaille, pour lui que l'art met la dernière main à ses produits, tout ce qu'il fuit, tout ce qu'il repousse, parce que là est la cause de la misère! c'est l'exploitation.

Venez voir, hommes généreux, hommes purs, venez voir tout ce qu'il y a de fierté et de courage, de patience et de résignation au fond du cœur de ces hommes que l'on veut noircir par la calomnie, que de misérables haines mal fondées poursuivent encore, que de folles questions d'orgueil et de vanité repoussent. Venez visiter l'asile où s'écoule leur vie entre le travail et les affections de la famille ; interrogez-les, causez en amis, sondez l'abîme tout entier, mesurez la distance qui sépare votre existence de la leur ; voyez tout ce qu'il y a de grandeur et d'affection au fond de leur âme, de désintéressement et de générosité dans leurs désirs ; et, je l'ai déjà dit, de résignation et de force contre la misère ; entrez dans sa demeure, et vous en sortirez bientôt attendris et le cœur meilleur.

Voulez-vous abandonner pour un instant vos hôtels, vos meubles brillants, vos lits moelleux, vos tapis qui endorment le bruit des pas, et me suivre ! Vous le voulez ; eh bien, vous me rendez heureux de vouloir vous instruire, étudier les hommes, leurs besoins, leur position sociale ; je ne vous demande pas de la bienveillance, je vous demande de la justice. Quittons ce boulevart et ces belles rues ; maintenant que la nuit est venue et que l'ouvrier rentre près de sa famille se reposer des fatigues du jour. Hier il avait un état ; c'est aujourd'hui l'ouvrier des ateliers nationaux ; de ces ateliers où la fleur la plus pure de nos artisans se fane, et meurt dans l'abrutissement ; dans ces ateliers qui dévorent les capitaux et ne rendent que des épines.

Ici tout reluit des dorures et des mille clartés du gaz ; allons encore ! Les rues sont plus sinueuses, plus étroites, les maisons élevées n'ont plus de luxe, le trottoir n'a place que pour un ; et le soleil vient rarement essuyer l'humidité du sol : votre poitrine respire moins à l'aise ; l'air malsain vous suffoque, mais entrez, ce n'est encore que la rue. La muraille est humide et décrépie, ce n'est que l'extérieur ; voilà 6 étages entassés ; des volets mal joints, des lucarnes sous les ardoises, une porte étroite, un air nauséabond ; votre cœur se soulève, et déjà vous avez peur ! Allez ! allez toujours ! Vous pouvez bien vivre une heure où 50 familles passent tous leurs jours ! Que serait-ce donc si nous assistions par hasard au repas du soir ! Pour savoir, il faut étudier et voir : puisque nous sommes venus jusqu'ici, allons jusqu'au bout, entrons !

L'allée est étroite, l'escalier glissant, tout est noir, tout est humide. Et les étages obscurs s'entassent les uns sur les autres ; chaque chambre a 8 pieds carrés ; un homme debout touche aux solives ; un grabat, une vieille table, deux chaises dépaillées remplissent le vide ;

heureux ceux qui pour assainir leur demeure ont le jour un rayon de soleil ! que dis-je ? heureux ceux qui trouvent assez de travail pour avoir ce réduit envié une lampe qui vacille, dont la fumée noircit le plancher supérieur, et jette une odeur mauvaise, éclaire ce tableau de famille. L'homme fatigué se repose, les enfants déguenillés, pauvres fleurs étiolées qui manquent d'air pour se développer, jouent aussi gaiement avec la misère que les vôtres sur vos tapis, parce que pour eux le présent est un secret qui ne se dévoile que par la faim, parce qu'ils ne rêvent pas à l'avenir, et n'ont pas de passé ; la femme prépare le souper ; entrons. L'ouvrier, quand il a du pain, le partage, parce qu'il sait ce que c'est que la faim. Nous y sommes.

On nous fait les honneurs du logis ; les deux chaises sont pour nous, et sur la table boiteuse on dépose le pain, fruit du travail ; un peu de vin aigre et de l'eau, cette boisson de toutes les heures. La marmite est sur le foyer. On coupe à gros morceaux le pain dans un vase félé, que des fils de fer rajustent, et l'on verse dessus ce que l'on appelle le *bouillon !* L'odeur seule vous dégoûte ! C'est cependant là toute la nourriture du soir. Vous faites entre vos repas et le sien un rapprochement pénible ; vous le plaignez !... Eh bien, lui ne désire que d'avoir le même demain... Il est heureux de l'affection de sa femme, heureux d'embrasser ses enfants : toute sa vie, tout son bonheur c'est sa famille ; s'il veut s'appartenir, c'est pour elle, et c'est lui que l'on accuse de vouloir briser les liens de la famille !... Allez donc vite publier à ces oisifs coureurs de boulevarts, à ces papillons dorés, qui achètent à prix d'or l'amour des courtisanes, qui ne savent pas ce que c'est qu'une affection pure, qui ne vivent pas par le cœur, qui rient des choses les plus saintes, et des joies les plus douces de la famille, ce que c'est que ces hommes dont il sourit dans son orgueil, et qu'il méprise, parce qu'il est trop petit pour arriver à leur niveau, parce qu'il n'a pas assez d'âme pour comprendre ce mystère de leur vie toute de cœur et d'affection.

La plaie qui le ronge, c'est aujourd'hui le chômage que l'État ne peut empêcher ; demain, l'avidité d'un spéculateur qui n'a pas de frein : c'est l'agiotage. Ce qui le décourage, c'est qu'avec un travail assidu, il parvient à vivre, mais que l'avenir sombre lui garde la misère pour ses vieux jours, et qu'il n'a que la perspective de l'aumône ou de l'hôpital. Et l'hôpital pour l'ouvrier, savez-vous ce que c'est ; c'est un lieu d'études pour la science, au profit ou au préjudice de l'humanité. Combien de fois, en visitant les hôpitaux, me suis-je écrié comme Jean-Jacques : Ne peuvent-ils laisser ces malheureux mourir en paix ?

L'enfant grandit !... Qui donc cultive son intelligence ?... Qui donc lui apprend à se servir de l'outil qui doit lui donner le pain de chaque jour?... Il faut que l'ouvrier fasse encore de nouveaux frais pour élever sa famille, bien sûr que, comme lui, ses enfants ne feront que continuer la chaîne de l'infortune. Encore le fils partage les travaux du père, il se développe, et plus tard, si le contact du monde ne gâte pas son cœur, il est la fortune de sa famille. Mais la fille, que devient-elle? Poussée par la misère, elle entre dans la vie sous les auspices du vice : les pieds sur des tapis, des roses au front, la coupe aux lèvres, elle use honneur et beauté, et finit à Saint-Lazare une vie qu'avec un peu d'or, elle eût gardée pour la vertu, et qui souvent eût fait d'elle une mère de famille, à rendre heureux ceux qui l'eussent sauvée. Quel contraste!

O vous qui me suivez jusqu'ici !..; qui voyez se dérouler sous vos yeux ces tableaux d'une vie inconnue; vous qui réfléchissez et comparez cette famille à la vôtre; ces douleurs à vos joies; cette chambre enfumée à vos appartements soyeux et dorés; ces pauvres enfants nus à la fantaisie qui préside au costume des vôtres; cette fille que guette la débauche, à tous ces soins dont la vôtre est entourée pour éviter le piége; cette épouse qui travaille sans cesse, à la vôtre qui n'a que le souci de son temps; cet homme, hâlé par le soleil, qui se courbe au travail pour nourrir une famille, et gagne deux fois ce que vous coûte le *regalia* que vous fumez le matin ! jugez ! et dites-moi ce qu'il faut au cœur de résignation.

Votre âme est bonne, vos yeux sont attendris, sortons, sortons vite ! c'est assez pour un jour de ce tableau déchirant; plus tard, si dans le monde quelque étourdi, soit par endurcissement de cœur, soit par dédain, déverse la calomnie sur ces familles pauvres; vous le conduirez jusqu'à la mansarde où l'on monte par une échelle droite, vous lui ferez appuyer sa main gantée sur la muraille humide et couverte de salpêtre, vous lui montrerez ces chambres basses, où l'air ne se renouvelle qu'avec peine, où le soleil n'entre pas, ces escaliers étroits, obscurs en plein midi, et, quand il sortira, s'il a du cœur, il maudira tous ceux qui, froids égoïstes, rivent chaque jour cette chaîne de misère.

Aidez donc l'ouvrier à briser les entraves qui gênent son avenir, qu'entre vous et lui le spéculateur ne se place plus pour vous rançonner tous les deux; c'est l'association seule et l'économie qui peut et doit sauver la société de toutes les révolutions qui l'ont agitée, et l'agiteront encore tout le temps que pèsera sur la classe ouvrière le monopole des capitaux ou de l'État, la servitude organisée par l'intérêt, de toutes les passions la plus sordide et la plus inhumaine.

LÉOPOLD .....

L'UNION LABORIEUSE.

20 ANS DE TRAVAIL PERMANENT

ET PAR SUITE

2,000,000 fr. de rentes annuelles,

Par un système d'association fraternelle entre 400 ouvriers et leurs familles.

ASSOCIATION COMPOSÉE DE MEMBRES DE DIVERSES PROFESSIONS ET INDUSTRIES,

D'APRÈS LE CITOYEN

RENOULT (Alfred), DE VERSAILLES,
Menuisier et Ébéniste.

Fuyez loin de nous, plaies hideuses de la corruption !... Vous que l'on désigne par les noms de cupidité, sordide avarice, concurrence désastreuse ; et toi, implacable misère, conseillère digne de Satan, qui te créa pour la perdition de l'homme honnête, avec l'Égoïsme, ce bourreau du pauvre, fuyez loin de nous, nous allons enfin sortir de cette sphère de privations et d'espérances toujours trompées.

Le divin apôtre de la démocratie nous a dit : Vous êtes tous frères. Nous voulons, et nous avons toujours voulu vivre selon ses préceptes. Avec ses nobles maximes, il n'est plus de vices possibles, par conséquent il n'est plus besoin de gardes, de juges, de prisons ni de fers !...

Préceptes de l'Union laborieuse.

Ne fais pas à tes frères ce que tu ne veux pas qu'il te soit fait.
Fais pour eux ce que tu désires qu'ils fassent pour toi.
Aimez-vous tous les uns les autres, par le cœur et l'esprit.
Le premier de vous sera le serviteur de tous sans exception.
Faites toutes vos actions comme si vous les faisiez devant le Christ lui-même.

8

Ne parlez jamais autrement que vous ne pensez, mais pensez toujours comme vous parlez.

Qu'une promesse faite à l'un de vous soit sacrée pour celui qui l'a faite.

Ne pensez jamais rien que vous ne puissiez vous communiquer les uns aux autres, pour l'exécuter ou faire exécuter.

Ne désirez jamais que l'honneur de l'association, afin qu'elle grandisse dans l'esprit du monde, et qu'elle arrive au plus haut échelon des vertus civiques.

Faites tout pour faire du bien à ceux qui vous font du mal.

Choisissez vos amis avec prudence, en prenant la probité pour règle unique.

La contagion d'un homme mauvais est plus nuisible que les passions qui sont au fond de vos cœurs.

Hors de ces préceptes, il n'est pas de société possible.

Articles essentiels de l'association.

ARTICLE PREMIER. Tous les ouvriers reconnus doux, affables, honnêtes et laborieux, s'associeront jusqu'au nombre de 400 familles.

ART. 2. Ils verseront régulièrement 1 fr. 50 c. par semaine.

ART. 3. Tous les jeunes garçons ayant atteint dix-sept ans accomplis, coopéreront également audit versement, et les jeunes filles de seize ans pour moitié.

ART. 4. Les adhérents seront inscrits par numéros d'ordre afin de participer les premiers aux bienfaits de l'association.

ART. 5. L'ouvrier reconnu le plus intelligent sera appelé à la direction, par la majorité des suffrages des membres réunis à cet effet.

ART. 6. Chaque souscripteur recevra immédiatement après son inscription sur le registre de l'association, une carte qui le constituera membre de l'*Union laborieuse*, et un livret sur lequel sera inscrit chaque versement de sa cotisation.

ART. 7. Seront admis comme membres les citoyens dont la profession sera reconnue utile.

ART. 8. Aussitôt qu'il y aura cent actionnaires, la Société fonctionnera, et mettra en activité l'article 30; tous travailleront mutuellement les uns pour les autres.

ART. 9. Chaque collecte du dimanche sera immédiatement versée à la mairie, à titre de dépôt, jusqu'à l'expiration de l'année, pour en être retirée et employée selon le but de l'association, qui est de se créer un avenir heureux pour ses vieux ans.

Art. 10. L'association prendra le titre de l'*Union laborieuse*; sa devise sera : *Unité*, *Persévérance*, *Fraternité*, *Égalité*.

Art. 11. L'État sera appelé à protéger, aider, et même encourager cette association, parce que son but tend à grandir la fortune publique, et perfectionner les arts, afin que la France ne redoute plus de concurrence sur les marchés.

Art. 12. L'association, dans l'intérêt de l'ordre public, s'obligera à recevoir tout envoyé du gouvernement qui viendrait visiter ses divers établissements et ateliers.

Art. 13. Tout membre, quel qu'il soit, reconnu coupable d'une faute grave, sera immédiatement puni par le renvoi, et rayé des contrôles de l'association. Son avoir sera et restera irrévocablement à la caisse sociale.

Art. 14. Les portes du bazar de l'*Union laborieuse* seront ouvertes tous les jours au public. Les personnes qui désireront visiter les ateliers seront munies d'une carte du directeur.

Art. 15. Il est bien entendu que ce n'est qu'une association de travailleurs ayant pour but :

1º De remédier aux chômages par un travail permanent et mutuel;

2º D'empêcher que la misère ne soit la seule hôtesse de nos vieux ans;

3º D'assurer un bien-être à venir à chacun de nos enfants;

4º De ne plus être, dans nos vieux jours, à la charge de l'État;

5º De relever l'industrie de la France aux yeux des puissances étrangères, de grandir par nous-même, par le seul secours de notre travail, et d'arriver à la propriété par l'économie, l'ordre et la fortune acquise par nos produits;

En un mot, les abeilles et leurs ruches sont notre exemple. *Voilà notre perspective!...*

Art. 16. Tous les bénéfices de vente de produits, quels qu'ils soient, appartiendront à la caisse sociale.

Art. 17. Les sommes versées dans les caisses de l'*Union laborieuse* seront destinées à l'achat de terrains, soit pour l'agriculture, soit pour construction d'édifices.

Art. 18. L'association, aussitôt toutes les formalités d'achat remplies, entrera immédiatement en jouissance des biens achetés, etc.

Art. 19. Nul ayant atteint sa quarante-sixième année ne pourra prétendre à devenir membre de l'*Union laborieuse*.

Art. 20. Les jeunes gens que la patrie appellerait sous son drapeau, recevront de la Société la remise entière de leur versement, à moins qu'ils ne consentent à en faire abandon au profit de la Société.

ART. 21. Tout membre manifestant l'intention de quitter la Société ne pourra prétendre qu'à la moitié de son avoir, qui lui sera payé en espèces, et *non autrement*, dans une limite, selon que la Société se trouvera plus ou moins en état de satisfaire à sa demande.

ART. 22. Si quelque membre désire céder sa place et ses droits, soit à un parent, soit à un ami, sa demande sera débattue par l'assemblée; si elle est acceptée, elle ne sera mise à exécution que si le proposé remplit lui-même les qualités voulues.

ART. 23. Aucun membre ne pourra faire partie d'une association autre que l'*Union laborieuse*. Toute violation de cet article pourra être punie du renvoi; l'assemblée en décidera.

ART. 24. Quand il y aura, dans plusieurs villes de France, des Sociétés de frères de l'*Union laborieuse*, basées sur ces mêmes principes, les divers membres pourront permuter entre eux, et changer de ville, sans rien perdre de leur avoir; seulement les frais de déplacement seront à leur compte.

ART. 25. Nos apprentis seuls auront le privilége de voyager aux frais de la Société, après cinq ans au moins de sa fondation. Ils recevront du directeur une carte indiquant le but de leur voyage; avec cette carte, ils recevront dans toutes les autres Sociétés les secours nécessaires pour remplir leur mission, qui sera toujours dans le but de s'instruire dans leur profession.

ART. 26. Tout malade, homme, femme ou enfant, sera soigné par le médecin de la Société.

ART. 27. Quand la Société sera bien établie, elle fondera un bazar à l'effet d'y recevoir et vendre ses produits.

ART. 28. 1° Il sera spécialement attaché à l'*Union laborieuse* un ministre du Christ, pour desservir la chapelle et instruire les enfants;

2° Un maître d'écriture, lecture, arithmétique, dessin, géographie, peinture, musique, danse, gymnastique, etc.;

3° Idem pour nos filles;

4° Un médecin pour soigner nos malades.

ART. 29. Tous les apprentis seront formés par la Société, et les bénéfices provenant de la vente de leurs produits seront versés à la caisse sociale...

ART. 30. Tout membre de l'*Union laborieuse est obligé* de faire faire mutuellement, ou dans les ateliers de la Société, tout ce dont il a besoin, lui ou sa famille; une amende dont le montant sera fixé par l'assemblée punira ceux qui violeront cette loi.

Art. 31. Tout membre qui aura soixante et un ans accomplis, vivra paisiblement au sein de la grande famille; il aura droit au logement, coucher, entretien, blanchissage; il sera nourri, chauffé, éclairé, soigné s'il est malade, enfin honoré comme un père au milieu de tous ses enfants.

Art. 32. Le paresseux sera d'abord ramené à la raison par le directeur accompagné du ministre du Christ; s'il était incorrigible, il serait immédiatement renvoyé et rayé des contrôles, après avoir reçu une somme dont le montant sera fixé par l'Assemblée.

Art. 33. L'administration sera obligée de rendre compte de toutes les opérations commerciales et industrielles une fois l'an, en soumettant ses registres à l'assemblée, et fera connaître, chaque trimestre, l'état financier de l'Union.

Art. 34. La Société sera plus tard appelée à réviser le règlement d'une manière définitive.

CHAPITRE PREMIER.

Maintenant, frères, il me reste à vous démontrer qu'il est vrai que nous pouvons en vingt et un ans, par le moyen de mon système d'association, devenir, par un travail actif, persévérant, et par une économie bien dirigée, millionnaires, non par le capital, mais par un revenu annuel qui s'élèvera à deux millions de francs!...

OPÉRATIONS DÉMONSTRATIVES DE 400 FAMILLES ASSOCIÉES.

La 1re semaine nous versons chacun. . . . . 1 fr. 50 c.
Le produit d'une demi-journée de travail du dimanche. 400 familles.

Chaque semaine fait. 600 00
Il y a 52 semaines dans l'année, ci. 52

Produit de l'an. 31,200 00

Avec cette somme, nous achetons 100 arpents de biens cultivables aux environs de Paris ou de la ville habitée par l'*Union laborieuse :* je suppose que ces terres valent 3,000 fr. l'arpent, les 100 valent 300,000 fr. Nous en payons de suite 5 arpents. . . . 15,000 fr.

Reste en caisse. . . . . . 16,200 fr.

Nous payons les frais d'acquisition, et nous entrons en jouissance de ces 100 arpents; il nous reste une forte somme qui va nous servir à acheter 2 chevaux, 1 voiture, 1 charrue, du fumier et du grain pour ensemencer, etc. Nous faisons une grande maison en planches

pour loger provisoirement nos ouvriers laboureurs, maraîchers, pé-
piniéristes, jardiniers, etc., avec leurs familles, et ces biens
seront ainsi divisés : 20 arpents pour faire un marais, 20 autres pour
faire un verger, jardin, pépinière d'arbres fruitiers, et au beau temps,
tous les fruits, les légumes, seront enlevés par les 400 familles, qui
les achèteront à nos frères cultivateurs, conformément à l'article 30
des conditions de l'association. Or il est évident que chaque arpent
en marais, et ceux en légumes que le jardinier cultivera en attendant
que les arbres à fruit soient productifs, nous rapportera au moins
1500 fr. par arpent.

CHAP. II. Revenu de la 1re année et son emploi.

40 arpents en marais, grenailles, etc., minimum. . . .	40,000 00
60 cultivés ou en luzerne.	15,000 00
Versements de la collecte de l'Union	31,200 00
Total. . . . . , .	86,200 00
Cette année nous devons les intérêts du capital. . . .	14,750 00
Nous payons encore 5 arpents.	15,000 00
Nous allons faire une ferme qui coûtera.	10,000 00
Nous achetons 10 vaches ordinaires.	3,000 00
Nous achetons 10 bœufs jeunes ordinaires.	4,000 00
Un beau et jeune taureau	750 00
Pour nos maraîchers et nos jardiniers, etc., 4 voitures,	
dont une belle pour la ferme.	6,000 00
4 chevaux de trait pour le labour, etc.	4,000 00
Nous achetons 100 paires de poulets.	300 00
Nous achetons 80 jeunes porcs.	1,200 00
Nous achetons 1,000 moutons jeunes, pour nous former	
un troupeau et peupler la ferme, et ensuite tout cela	
reviendra à notre boucherie.	20,500 00
100 paires de lapins qui fourniront nos cuisines. . . .	300 00
100 coqs d'Inde pour nos cuisines.	300 00
100 oies.	200 00
200 paires de jeunes pigeons.	200 00
100 canards.	150 00
Total.	80,650 00

Récapitulation. Recettes. . .	86,200 00	
Dépenses . .	80,650 00	
En caisse .	6,550 00	

Maintenant nous voici une ferme bien montée, et pendant que nos cultivateurs travaillent avec ardeur, nos ouvriers de bâtiments s'empressent de construire la ferme, afin de recevoir tous nos cultivateurs maraîchers-jardiniers, etc., dans un logement convenable. Ensuite viennent les écuries pour recevoir les animaux que nous achetons. Ces animaux vont nous faire du fumier, multiplier et augmenter le revenu de la ferme; puis nous établissons un cuisinier dans un logement de la ferme afin de faire la cuisine à tous nos ouvriers. Ce cuisinier, comme le fermier, le maraîcher, le jardinier, etc., est rétribué sur les bénéfices et revenus sur la caisse sociale, et les bénéfices de chaque industrie venant successivement augmenter le chiffre général de la caisse, nous allons successivement marcher vers la richesse, la propriété, et par suite au bien-être, etc. Nous avons donc d'une part 10,000 fr. pour construire la ferme, et 6,550 fr. qui restent à la caisse : cela fait 16,550 fr. pour subvenir à nos opérations, etc.

CHAP. III. **Revenu de la 2ᵉ année et son emploi.**

La ferme ou les 60 arpents de terre labourée.	15,000	00
Potager, verger, jardin, etc.	45,000	00
Collecte de l'Union.	32,000	00
Total.	92,000	00
Nous payons les intérêts des 90 arpents restants. . . .	14,500	00
Nous payons encore 10 arpents.	30,000	00
Nous achetons encore 20 vaches.	6,000	00
40 jeunes bœufs.	10,000	00
Nous augmentons nos écuries pour nos bestiaux et une cuisine près la ferme avec une valeur de. . . .	5,500	00
40 jeunes porcs pour engraisser.	6,000	00
Total.	72,000	00
Récapitulation. Recettes. . .	92,000	00
Dépenses	72,000	00
Reste en caisse. .	20,000	00

Avec cette somme, nous couvrons les quelques frais si nous en avions en arrière, et nous agrandissons la ferme. Nous établissons notre cuisine sur une plus grande échelle, car elle va nous rapporter; le dimanche parce qu'elle deviendra la promenade de toute la société; nous y établirons des jeux de toute espèce : restaurant, salle de bal, etc., enfin tout ce qui peut contribuer à procurer des plaisirs honnêtes pour tous, et augmenter le revenu.

Déjà nous faisons entre nous tous un commerce immense et permanent. Notre ferme augmente considérablement par la multiplication des bêtes à cornes, des volailles; le lait, le beurre, les fromages, donnent leurs bénéfices. Puis le verger commence à fournir des poires, des pommes, des abricots, des pêches, du chasselas, des prunes, des groseilles, des fraises, des cerises, etc. Tout cela nous arrive en des endroits désignés dans les différents marchés ou places, et nous est vendu à des prix très modérés, à la présentation de notre carte, qui prouve que nous sommes les privilégiés de ces beaux produits, etc.; le frère qui nous apporte n'ayant aucun intérêt de nous vendre plus cher.

Tout fructifie; chacun est à son travail. Le charron fait des voitures; elles nous serviront plus tard. Le taillandier fournit et entretient la ferme des outils des maraîchers, des jardiniers, des tailleurs de pierres, des maçons, etc.; le tonnelier nous soigne le vin de nos caves; il va avoir de l'ouvrage, outre celui qu'il a déjà, comme marchand de vin les dimanches et fêtes, etc. Tous étant rétribués d'une somme raisonnable qui les met au-dessus du besoin, je suppose 1,000 à 1,200 fr. par an de la manière économique avec laquelle nous vivons à notre cuisine, il résulte que l'on peut, en dehors des petites dépenses des dimanches et fêtes, amasser près de 500 fr. d'épargne tous les ans. Ces économies particulières sont une garantie de plus pour la vieillesse que l'Union environne déjà de tant de soins et de respect.

Enfin, le dimanche on danse, on rit, on chante, on boit, les uns du vin, les autres du lait à la ferme. On laisse là son argent avec d'autant plus de plaisir que l'on sait que les bénéfices rentrent encore à la caisse sociale. Tout ce bonheur présent et à venir est acheté par un travail laborieux et 1 fr. 50 par semaine.

Croyez-moi, frères, laissez là ces idées de révolution, où l'on ne trouve que des prisons, des chaînes et la mort, en même temps que l'on détruit le crédit et la confiance, et que chaque secousse n'est qu'un pas plus avant dans la misère. Venez vivre heureux et paisibles en famille; travaillons d'un commun accord à nous créer une existence réellement indépendante par la richesse, fruit du travail et de l'économie.

La nation tout entière nous regardera avec admiration. Il est incontestable que là où est le produit, l'ordre, l'économie, naissent l'abondance et la richesse.

Là enfin seront une vérité : liberté, égalité, fraternité.

Nous réaliserons la devise républicaine : plus de haines, plus de jalousie, puisque l'avenir est beau pour tous.

CHAP. IV. Revenu de la 3° année et son emploi.

La ferme générale comprend le potager, le marais, les
   jardins, les bestiaux, les volailles, la laiterie, etc... 110,000 00
Collectes annuelles augmentées par les jeunes gens qui
   ont atteint 17 ans, et les jeunes filles 16, ci. 45,000 00
   Les jeunes filles à 16 ans paient 50 c. par semaine.
Bénéfice sur la nourriture et la boisson de nos ouvriers, y
   compris les plaisirs des dimanches de toute la société. 5,000 00

                                 Total. 160,000 00
Nous payons les intérêts des 80 arpents. 13,000 00
Nous payons 20 arpents. 60,000 00
Nous faisons venir 200 pièces de vin à 50 fr. 10,000 00

                                 Total. 83,000 00

      Récapitulation, Recettes. . . 160,000 00
               Dépenses . . 83,000 00
               En caisse . . 77,000 00

Avec cette somme nous allons commencer à bâtir une belle propriété collective pour nous loger. Durant ces travaux, tous nos ouvriers seront nourris à notre cuisine ou pension avec les cultivateurs, etc. Tous nos frères d'état de bâtiments vont avoir de l'ouvrage pour longtemps, et tout le monde travaillera à sa tâche, chaque partie étant payée un prix raisonnable, qui mette chacun à même d'être récompensé de son travail. Chacun à la pension dépensera selon sa volonté, et aura également le choix des mets.

Cette propriété collective sera distribuée ainsi qu'il suit :

Toute la façade du bas contiendra les pensions ou cuisines, les salles à manger, les cafés, les fabricantes de corsets, les blanchisseuses, etc. Sur le derrière donnant dans une grande cour, tous les ateliers de nos forgerons, charrons, maréchaux, taillandiers, serruriers, menuisiers, charpentiers, ferblantiers, cordonniers, bottiers, etc.

Tout autour du bâtiment il régnera un trottoir de 2 mètres de large, et aux étages supérieurs une galerie qui permettra de faire le tour du bâtiment ; les portes et fenêtres seront toutes à coulisses, ouvrant toutes sur la galerie, de façon que l'on pourra rentrer chez soi sans passer chez personne. Pendant les belles soirées de l'été, nos épouses pourront causer sur ces larges galeries; ayant la vue de la ville et celle de la campagne.

Au 1er, donnant sur la campagne, de vastes ateliers pour nos compagnes, ainsi que pour nos frères ; sur le devant un vaste bazar ; au-dessus des cuisines et pensions, une belle et grande salle de bal pour les dimanches et fêtes, et pour les réunions de l'Union laborieuse, les noces et festins de la grande famille, etc.

Au 2e, seront d'un côté tous les logements, composés chacun de deux pièces, l'une devant, l'autre derrière, séparées par une cloison vitrée. Dans les pièces de devant une alcôve à deux lits, un pour les époux, l'autre pour la famille. Du côté des ateliers seront de belles et grandes classes pour nos écoliers des deux sexes, séparées par des salles de musique, de dessin, de danse, de gymnase, et une bibliothèque, etc.

Au 3e, sera le magasin de toutes les marchandises ou fournitures à l'usage de la grande famille; tels sont le cuir, les draps, les étoffes, les laines, les toiles, etc; toutes ces marchandises seront rangées par chambrées ou magasins proportionnés à leur quantité et qualité.

Au dessus, sous la toiture de vastes greniers, l'un pour les fruits, l'autre pour les grains, et un autre à chaque bout pour la blanchisserie en cas de mauvais temps, etc.

Sur le toit fait en terrasse, des tables et des chaises pour boire l'été, toutes sous un beau berceau de fleurs, formant tout autour de belles arcades pour chaque, afin que la vue soit ouverte sur la campagne. Par cet arrangement nos bons parents qui n'aiment plus ni la danse, ni le bruit, seront là comme dans un petit Éden, ayant une immense vue de paysage devant eux, et la plus aimable solitude. Déjà nos laborieux frères ont fait 100 locaux cette année, ce qui nous permet de recevoir 100 familles qui auront à nous payer leur loyer l'an prochain.

Chaque famille paiera 150 fr. de local par an, et je crois qu'elles seront mieux logées que celles qui paient d'affreux bouges situés à des 6, 7 et 8 étages jusqu'à 110, 120 et 150 francs pour être dans des mansardes. Voici l'année expirée, nous avons un bon nombre de nos frères qui ont vécu à la pension, cela va augmenter les bénéfices, et grossir le chiffre de revenu de notre caisse.

CHAP. V. Revenu de la 4e année et son emploi des fonds.

Ferme, tout compris. 130,000 00
Nourriture des ouvriers. Bénéfices. 12,000 00
Plaisirs du dimanche. Bénéfices 6,000 00
Collecte de l'Union 46,000 00

Total. 194,000 00

Nous payons les intérêts du terrain. 10,000 00
Je mets toujours les intérêts plus forts afin de n'être pas
   en faute en face des cas imprévus. Nous payons encore vingt arpents, ci. 60,000 00
Nous prenons pour payer nos ouvriers et nos matériaux. 24,000 00

Total. 94,000 00

Récapitulation. Recettes. . . 194,000 00
Dépenses . . 94,000 00

En caisse . . 100,000 00

Avec cette somme, nous poussons vigoureusement notre propriété; les ouvriers augmentent, et nous établissons une seconde
pension... Travaillons tous avec ardeur et courage, Dieu fera le
reste. L'année écoulée, nous avons terminé encore cent locaux et
nous recevons encore cent familles. Les jeunes gens et les jeunes
filles grandissent et nous viennent en aide, en augmentant le nombre
des versants à la collecte sociale. Quelques jeunes gens vont servir la
patrie; quand ils reviendront ils retrouveront leur place dans le sein
de la grande famille; enfin, tout est en pleine prospérité. Nos bestiaux, nos volailles multiplient à l'infini, augmentent nos richesses
et nos revenus.

CHAP. VI. Revenu de la 5e année et son emploi.

Revenu général de la ferme. 135,000 00
Collectes. 50,000 00
Nourriture, bénéfice, nous avons cent familles de
   logées qui ont mangé à la cuisine. Bénéfice net. 20,000 00
Plaisirs du dimanche. 6,000 00

Total. 211,000 00

Voici comment je prends les bénéfices de nourriture des familles :
Nous avons cent familles; posons que chacune d'elles nous produit
par jour un bénéfice de 50 centimes.

100 familles à 50 c. par jour donnent 50 fr. $\times$ 365 j. $=$ 18,250 fr.

Les plaisirs du dimanche : 400 familles à 50 cent. par jour donnent 200 fr. $\times$ 30 dimanches $=$ 6,000 fr. de bénéfice.

Les 400 familles produiront 4 fois cette somme, etc.	211,000 00
Nous prélevons les loyers des 100 familles à chacune 150 fr. Produit.	15,000 00
Total.	226,000 00

Il y a encore 40 arpents. Nous payons les intérêts. . .	6,000 00
Payons encore 20 arpents.	60,000 00
Nous payons nos fournisseurs, etc.	25,000 00
Nous achetons huit chevaux de trait, et nous faisons faire quatre omnibus pour conduire nos ouvriers à leurs travaux de ville. Ils ne paieront que 30 centimes pour le transport du matin et du soir ; puis le reste de la journée le service sera public. Nos épouses et nos enfants moitié du prix. Les 8 chevaux, les 4 omnibus, ensemble.	10,000 00
Total.	101,000 00

Récapitulation. Recettes. . .	226,000 00	
Dépenses . .	101,000 00	
En caisse . .	125,000 00	

Avec la somme qui reste, nous continuons nos travaux, et à la fin de l'année nous aurons encore 100 familles de plus, dont 200 vont payer leurs loyers échus. L'année finie, nous recevons 100 familles en plus.

CHAP. VII. Revenu de la 6ᵉ année et emploi des fonds.

200 familles, nourriture, bénéfice.	36,000 00
Revenu général de la ferme.	140,000 00
Collecte de l'union	50,000 00
Loyers de 200 familles.	30,000 00
Blanchisserie. Bénéfice.	2,600 00
Plaisirs du dimanche.	6,000 00
Total. . .	264,600 00
Nous payons les intérêts des 20 arpents qui restaient.	3,000 00
Nous payons les 20 derniers arpents	60,000 00
En caisse. .	204,600 00

Récapitulation.-Recettes. . . 264,600 00
Dépenses . .   63,000 00
En caisse . . 201,600 00

Avec les 101,600 fr., nous payons nos fournisseurs et nous remboursons toutes les avances qui nous auraient été faites en outils, instruments de travail, etc., et il nous reste encore 100,000 francs pour continuer nos travaux de bâtisse. Nous pouvons encore à la fin de l'année recevoir 100 familles de plus; et bientôt nous aurons le bonheur de voir toute la grande famille de l'Union réunie dans une seule propriété collective qui nous appartiendra avec la ferme et ses dépendances, etc.

CHAP. VIII. Revenu de la 7ᵉ année et emploi des fonds.

300 familles nourries. Bénéfices	54,750 00
Revenu général de la ferme	150,000 00
Loyer de 300 familles	45,000 00
Blanchisserie. Bénéfice	4,600 00
Collecte de l'Union	50,000 00
Plaisirs du dimanche	6,000 00
Total	310,350 00

Nous rappelons au lecteur qu'il est bien entendu que tout membre quel qu'il soit ou quelque état qu'il exerce, du moment où il est employé par la Société, est rétribué par elle, soit aux pièces soit à l'année. Tous les ateliers, boutiques et magasins sont et restent à la charge de la Société!... Nous employons 110,350 fr. pour achever notre propriété collective, et enfin cette année finie nous trouverons les 400 familles réunies. Au fur et à mesure nous augmentons le nombre des pensions de manière que chacune d'elles n'ait que 50 familles à nourrir; et ensuite nous continuons à compléter nos ateliers de forgerons, de charpentiers, de serruriers, taillandiers, menuisiers, peintres, ébénistes, chaudronniers, ferblantiers, maçons, couvreurs, etc., etc., de manière que nous ne manquions de rien de ce qui est utile pour former un atelier universel!...

C'est alors que tout le monde travaille avec ardeur dans cet arsenal de nouvelle création. C'est un bruit d'enclumes qui frémissent, de marteaux qui carillonnent, de scies qui crient, de varlopes qui sifflent, de voix qui chantent, de rires joyeux; tout le monde est heureux.

Il nous reste à la caisse 200,000 francs avec lesquels nous achetons une bonne provision de toiles, de draps pour habits, d'étoffes pour robes et des cuirs variés pour fournir à nos ouvriers tailleurs et cordonniers, etc.

Enfin, joie de mon cœur, la maison est achevée, les 100 dernières familles sont avec nous. Quel beau jour que ce jour d'inauguration de notre propriété collective ! Quel heureux jour que celui de 400 familles unies d'intérêts, animées de sentiments fraternels et se serrant cordialement et franchement la main, s'embrassant les unes les autres dans une effusion de bonheur général. Ils sentent en eux quelque chose de libre, ils viennent de mettre le pied sur leur propriété, ils ont enfin une petite place dans le monde, sur la terre, un endroit où ils peuvent dire : Je me repose ici, personne ne peut m'en empêcher, je suis chez moi!...

Enfin, nous faisons venir une grande quantité de charbon pour chauffer toutes nos familles cet hiver comme les autres, et cela est encore un bénéfice net et précis. Quand notre bazar va être garni et ouvert au public ce sera bien un autre bénéfice (travail, produit, profit). Une fois tous nos ateliers et nos travailleurs bien organisés, voici ce qui se fera :

Un membre a besoin d'un habit, il va au bureau central et le déclare immédiatement ; le commis lui indique le tailleur libre. Alors le membre se rend chez l'ouvrier, qui lui prend mesure et lui dit quand son habit sera fait. Ensuite le tailleur se rend au bureau où il reçoit le drap nécessaire et qui a été choisi par le demandeur lui-même.

Le tailleur emporte le drap à l'atelier, fait son habit, et après avoir mis le nom du commandeur il le livre au bureau et reçoit le prix de sa façon. Le demandeur va à son tour au bureau ou magasin des objets confectionnés, reçoit son habit, paie et l'emporte.

Il en est de même pour tout en général. Par ce moyen chacun est content, servi selon son goût, et le bénéfice de chaque objet rentre à la caisse sociale... qui par ce moyen grossit énormément et avec vitesse. Chaque atelier de même état sera dirigé par le plus intelligent et le meilleur ouvrier choisi à la majorité par ses frères de même spécialité.

L'année est échue, procédons à son relevé : Notre propriété qui est achevée nous coûte 507,350 fr.

CHAP. IX. Revenus de la 8ᵉ année et emploi de fonds.|

Revenu général de la ferme.	160,000	00
Loyers des 400 familles.	60,000	00
Nourriture, bénéfice sur les 400 familles.	75,000	00
Collecte de l'Union.	50,000	00
Omnibus, voyages, bénéfices.	15,000	00
Plaisirs du dimanche, bénéfice.	6,000	00
Blanchisserie et repasserie générale, bénéfices.	7,000	00
Commerce de la maison sur les fournitures.	5,000	00
Total.	378,000	00

Avec cette somme, nous achetons une ferme dans la campagne, composée de 100 arpents de terre cultivable, etc. La ferme coûte 300,000 fr. Nous la montons immédiatement de tout ce qui lui est nécessaire, tant en outils, chevaux, bestiaux, etc., que nous prenons à la ferme générale qui est en rapport depuis longtemps.

Avec les 78,000 fr. restants, nous achetons près la ville du terrain et bâtissons une propriété qui, achevée, nous coûtera 100,000 fr., et en vaudra 120,000 fr., parce que tous les bénéfices dévorés par de certaines gens resteront entre nos mains ou à la caisse sociale.

Cette propriété, finie, nous rapportera au moins 10 p. 100 à partir de l'an prochain expiré, où nos locataires nous paieront leurs loyers.

Ainsi donc, frères, du courage, de la persévérance; avec un tel système personne de nous ne peut plus être sans ouvrage.

Imitons donc les abeilles; travaillons tous avec ardeur, chacun est à sa pièce; plus il en fait, plus il gagne, plus il augmente ses richesses particulières, ainsi que celles de l'administration, par le cumul des bénéfices de tous genres.

Répétons sans cesse ces sublimes paroles : Tous pour un, un pour tous, et Dieu pour l'univers!...

L'année est expirée : relevons nos revenus et bénéfices.

Le produit des fermes augmente d'une manière considérable; le marais produit près du double; le jardin et verger près du triple; les fruits de toutes espèces y abondent. Mais tout prospère, parce que tout est à nous et que personne ne refuse d'aider à augmenter les produits du sol. Quand nous serons vieux, nous n'aurons plus qu'à nous reposer au sein de nos propres richesses.

CHAP. X. Revenu de la 9ᵉ année et emploi des fonds.

Produit de la ferme. 170,000 00
Nourriture des 400 familles, bénéfice. 75,000 00
Loyers des 400 familles. 60,000 00
Collectes de l'Union. 50,000 00
Omnibus, courses, bénéfice. 15,000 00
Blanchisserie. 7,000 00
Plaisirs des dimanches et fêtes. 7,500 00
Commerce de la maison. 6,000 00

                                      Total. 390,500 00

Nous achetons encore une ferme avec 100 arpents. . . 300,000 00

                                       Reste. 90,000 00

Nous avons établi une famille dans la première ferme, et nous en établirons encore une dans cette seconde. Les jeunes mariés élevés dans les principes de l'agriculture sont ceux que nous choisissons de préférence.

Avec nos 90,000 fr., nous bâtissons encore une propriété en ville, qui nous rapportera à la fin de l'année suivante.

Comme nous sommes assez riches pour inspirer de la confiance, nous pourrions faire un emprunt de je suppose 20,000 fr., que nous emploierions à faire faire des bains dans le jardin; ils seront entourés de massifs épais, et séparés par une large allée. L'un de ces bains sera pour nos femmes, et l'autre pour nos frères. Il ne faut rien négliger pour la santé. Ces bains se paieront à raison de 20 cent. le cachet.

Nous avons encore un autre bénéfice : les dimanches nos jeunes gens vont à la ferme, et louent des chevaux pour faire des promenades.

L'année finie, relevons.

CHAP. XI. Revenu de la 10ᵉ année et emploi des fonds.

Le commerce de la maison devient déjà considérable; notre bazar se garnit. Le public satisfait de nos travaux et de nos produits les achète de préférence. Et c'est encourageant !

Ferme générale. 180,000 00
Ferme première. 60,000 00

                                    A reporter. 240,000 00

Report. . . . 240,000 00

Propriété première en ville. 10,000 00

Le commerce universel de l'administration comprendra à l'avenir la nourriture, les plaisirs du dimanche, les blanchissages, la vente au bazar, les bains; les confections faites pour les membres de l'Union, la vente des fournitures, draps, étoffes, etc.; les promenades en voiture, omnibus, à cheval, les jeux, les danses, etc.; les noces, les fêtes, etc., compris les loyers de la propriété collective, tout ce commerce sera désigné par les mots, *Commerce universel de l'administration.*

Commerce universel de l'administration. 200,000 00
Collecte annuelle de l'Union. 50,000 00

Total. 500,000 00

Avec ce chiffre, nous achetons encore une ferme composée de 100 arpents, ci. 300,000 00

Reste. 200,000 00

Avec lesquels nous bâtissons encore une propriété particulière pour la somme de 100,000 fr., et il nous restera encore 100,000 fr. pour faire face à quelques dépenses imprévues. D'abord nous achetons encore huit chevaux. 6,000 00

94,000 00

Nous rendons les 20,000 fr. que nous avons empruntés pour faire des bassins de bain, ci 20,000 00

Reste. 74,000 00

Ces 74,000 fr. servent à monter l'administration de bois de construction, de fer, etc. Quant aux magasins de rouennerie, la marchandise se remplace par le prix des ventes; plus tard nous les monterons sur une plus grande échelle.

L'année finie, nous avons déjà deux fermes qui nous rapportent et deux propriétés en ville.

CHAP. XII. **Revenu de la 11ᵉ année et emploi des fonds.**

Ferme générale.	180,000	00
Ferme première.	80,000	00
Ferme deuxième.	60,000	00
Administration générale. — Commerce universel . . .	210,000	00
Propriété première en ville.	10,000	00
Propriété deuxième en ville.	10,000	00
Collecte annuelle de l'Union.	60,000	00
Revenu total. . .	610,000	00

Nous achetons encore une ferme de 100 arpents dans
la Beauce. 400,000 00
Nous achetons encore 50 bœufs. 20,000 00

Total. 420,000 00

Reste en caisse. . 190,000 00

Nous bâtissons encore une propriété en ville avec la
somme qui nous reste. . . . .

L'argent ne peut jamais nous manquer, il ne fait que passer dans les
mains des uns des autres, et les biens dont nous vendons les produits
dans les marchés nous apportent l'argent du dehors.

L'année est écoulée.

CHAP. XIII. **Revenu de la 12ᵉ année et emploi des capitaux.**

Ferme générale.	180,000	00
Ferme première.	90,000	00
Ferme deuxième.	80,000	00
Ferme troisième.	60,000	00
Maison de l'Union, administration générale.	220,000	00
Propriété première en ville.	10,000	00
Propriété deuxième *id*.	10,000	00
Propriété troisième *id*.	10,000	00
Revenu total.	670,000	00

Nous achetons encore 100 arpents dans le nord de la
France pour y établir une belle bouverie. Ces 100 arpents coûtent. 400,000 00

Reste. 270,000 00

Dans cette bouverie, nous envoyons 50 des plus jeunes taureaux de la ferme générale, et puis nous bâtissons encore deux propriétés, de chacune 100,000 fr. et il nous reste 70,000 fr. pcur monter l'administration de matériaux.

L'année écoulée, relevons :

CHAP. XIV. Revenu de la 13e année et emploi des capitaux.

Ferme générale. 220,000 00
Quatre fermes ensemble. 330,000 00
Cinq propriétés particulières en ville 50,000 00
Maison de l'Union, commerce universel, administration. 230,000 00

Total. 830,000 00

Nous achetons encore 100 arpents de vignes pour nous
   fournir du vin. 500,000 00

Reste. 330,000 00

Avec cette somme, nous achèterons pour 15,000 fr. de bétail pour répartir dans nos fermes, ainsi que de la volaille, reste 315,000 fr.

Nous bâtissons encore trois maisons de même prix que les premières, et il nous reste 15,000 fr. pour entretenir l'administration de matériaux.

L'année finie, toutes nos fermes ont augmenté considérablement de produits par les bestiaux, volaille, etc., qui ont multiplié. Notre bouverie, maintenant, va fournir des bœufs à notre établissement pour la consommation, et le surplus sera vendu sur les marchés.

CHAP. XV. Revenu de la 14e année et emploi des capitaux.

Ferme générale. 220,000 00

Il ne faut pas perdre de vue que les 40 arpents cultivés en vergers, en marais, en fruitier, etc., sont en plein rapport, et que ces arpents rapportent près de 2,500 fr. à 3,000 fr. chaque, puis que la ferme fait un immense commerce de viande de toute nature, etc.; qu'elle fournit les cuisines de l'Union.

Ferme générale. 220,000 00
Quatre fermes et la bouverie. 390,000 00
Propriétés en ville. 77,000 00
Administration générale, commerce universel. 235,000 00

Revenu total. 922,000 00

Nous achetons encore une ferme des meilleures terres
de campagne, 100 arpents. 500,000 00

Reste. 422,000 00
Nous faisons un bon moulin 6,000 00

416,000 00

Nous bâtissons encore trois propriétés de chacune
100,000 fr. 300,000 00

En caisse. 116,000 00
pour remonter l'administration de matériaux.

L'année finie, relevons.

CHAP. XVI. Revenu de la 15e année et de son emploi des capitaux.

Ne perdons pas de vue que dans l'article administration générale,
sont compris, avec le commerce universel, celui du bazar, puis la
collecte de l'Union et les 60,000 fr. des loyers des 400 familles, etc.

Ferme générale. 220,000 00
Administration et commerce universel 240,000 00
Quatre fermes ensemble. 400,000 00
Vignes, bouverie, etc. 200,000 00
Neuf propriétés particulières en ville. 90,000 00

Total. 1,150,000 00

Vois, cher lecteur, quel énorme chiffre déjà pour la quinzième
année.

Eh bien, achetons encore une ferme de 100 arpents.

C'est nous-mêmes qui cultivons, qui bâtissons, donc c'est nous
qui de droit récoltons, et personne au monde ne peut nous contester
des propriétés et des biens aussi légitimement acquis.

En caisse. 1,150,000 00
Nous prenons tout ce qu'il y a de meilleur en terre
à 6,000 fr. l'arpent. 600,000 00

Reste. 550,000 00

Nous achetons 100 arpents en carrières pour exploiter nous-mêmes. 300,000 00

Reste. 250,000 00

Avec le reste de la caisse, nous bâtissons encore deux propriétés en ville.

Et l'année expirée, voici le revenu.

CHAP. XVII. Revenu de la 16ᵉ année et emploi des capitaux.

Six fermes ensemble.	500,000 00
Vignes, bouverie, carrière.	300,000 00
Administration, commerce universel.	240,000 00
Ferme générale.	220,000 00
Quatorze propriétés en ville.	140,000 00
Total.	1,4000,000 00

Avec cette somme nous achetons encore une centaine
  d'arpents en bois pour obtenir des bois de construction, etc. 400,000 00
Nous achetons encore une ferme, ... 300,000 00
Et une autre dans le Mans. 400,000 00
Avec lesquels nous bâtissons encore deux propriétés
  en ville. 200,000 00

Total 4,300,000 00

Récapitulation. Recettes. . . 1,400,000 00
Dépenses. . 1,300,000 00
Reste. . . . 100,000 00

Pour entretenir l'administration de fonds circulants dans les opérations d'achats, etc.

L'année expirée.

CHAP. XVIII. Revenu de la 17ᵉ année et son emploi des capitaux.

Huit fermes ensemble 700,000 00
Vignes, bouverie, carrière, bois. 350,000 00
Administration du commerce universel 242,000 00
Ferme générale 220,000 00
Propriétés particulières, seize, ensemble 160,000 00

Total. 1,672,000 00

Nous payons une jolie chapelle qui vient d'être ter-
  minée, chef-d'œuvre de l'art. . . . . ci. 200,000 00
Nous montons nos magasins de tout ce qui est utile
  pour la grande famille, linges, laines, étoffes, etc.. 172,000 00
Nous achetons encore une ferme 400,000 00

772,000 00

A reporter. En caisse reste. 900,000 00

Report. En caisse.. . . 900,000 00

Nous achetons des matériaux pour l'administration
pour.............................. 100,000 00

Nous achetons encore cent arpents autour de nous. . 400,000 00

Comme nous y sommes, on sera assez aimable
pour nous les vendre plus chers que les premiers.

Nous bâtissons encore trois maisons........... 300,000 00

Total. 1,800,000 00

Récapitulation. Recettes... 1,672,000 00
Dépenses . . 1,572,000 00

En caisse . . 100,000 00

Pour les dépenses imprévues.
L'année échue, procédons au relevé.

CHAP. XIX. Revenu de la 18e année et emploi des capitaux.

Neuf fermes, ensemble................ 900,000 00
compris les 100 arpents autour de nous.

Administration, commerce universel......... 240,000 00

Ferme générale.................... 220,000 00

Vignes, bouverie, carrière, bois, etc........ 400,000 00

Dix-neuf propriétés en ville............. 190,000 00

Revenu total.......... 1,950,000 00

Nous achetons encore trois fermes de chacune 100 arpents; jamais plus d'arpents autour, ils sont plus
à la portée du cultivateur, et il les fait mieux valoir.

Pour les trois, avec 50,000 fr. d'accessoires pour le
labour........................ 950,000 00
Nous achetons encore 100 arpents sur les bords
d'une rivière assez forte de courant pour y construire
un moulin.

Pour le moulin et les 100 arpents.......... 600,000 00

Nous bâtissons encore deux propriétés près la ville.. 200,000 00

Pour remonter l'administration de tout ce qui est utile,
soit en matériaux, soit en instruments de labour, etc. 200,000 00

Total. 1,950,000 00

<pre>
Récapitulation. Recettes. . .   1,950,000 00
               Dépenses . .   1,750,000 00
                            ─────────────
               En caisse. . .   200,000 00
</pre>

Vous me direz sans doute, cher lecteur : Mais les professeurs des écoles, avec quoi les a-t-on payés?

Je vous répondrai : Mais nos apprentis ont fait nombre de produits, qui ont été vendus, et l'administration économe a trouvé annuellement de quoi payer les professeurs avec la vente de ces produits.

Supposez seulement cent garçons gagnant à l'administration 1 fr. par jour, car chez nous les apprentis ne se promènent pas ils travaillent activement; cela produit 100 fr. par jour. Admettons seulement trois cents jours dans l'année, produit : 30,000 fr. Mettons-en la moitié pour le même nombre de jeunes filles, et nous avons un chiffre de 45,000 fr., ce qui nous donne la somme de 45,000 fr.

L'Union peut payer ses professeurs avec un chiffre beaucoup moindre, ainsi que le vénérable pasteur, médecin de l'âme, et le médecin-chirurgien de l'Union.

CHAP. XX. Revenu de la 19ᵉ année et son emploi des capitaux.

A l'avenir, nous désignerons par le chiffre 600 arpents et les moulins :

1° la bouverie; 2° les vignes; 3° les carrières; 4° les bois; 5° les 100 arpents de plus ajoutés à la ferme générale, et enfin les 100 arpents au bord d'une rivière avec le moulin.

<pre>
Douze fermes, ensemble. 1,200,000 00
600 arpents de divers produits. 500,000 00
Administration, commerce universel. 240,000 00
Ferme générale. 225,000 00
21 propriétés en ville. 210,000 00
                                                 ─────────────
                     Revenu total. 2,375,000 00
</pre>

Vous me direz sans doute, mon cher lecteur : Et les malades, vous n'en avez pas parlé. Je vous réponds deux choses : La première, c'est que le chiffre que nous obtenons chaque année des produits de nos apprentis vient encore offrir de nouvelles ressources pour parer à ces accidents; et la deuxième, c'est que la maladie ne sévit avec rigueur que dans les rues boueuses, remplies de fétides odeurs, et nous, nous sommes dans une plaine. Elle poursuit les hôtes de ces logis étroits et presque obscurs, où les vents froids et humides se jouent des efforts du malheureux qui veut leur intercepter l'entrée de son cabanon; mais nous, bien logés, proprement, sainement, nous pouvons braver les émanations malsaines de l'été, le froid rigoureux de l'hiver.

La maladie marche à pas lents derrière la misère, les privations, la faim, traînant la mort à sa remorque; mais nous, nous sommes riches, nous sommes affranchis... du joug de ces indignes entraves que l'égoïsme jette sur les pas du malheureux travailleur, découragé et affaibli par un travail incessant et des privations permanentes!...

Mais nous, nous sommes heureux et riches, riches de l'amour de nos familles, riches par nos produits, riches d'affection les uns envers les autres, riches de bonheur. Quand un père presse contre sa poitrine une compagne chérie, et que ses bras enlacent ses enfants, son bonheur est si pur, que lorsqu'il lève les yeux vers la voûte céleste pour remercier le grand architecte de l'univers, son cœur déborde d'amour, et il n'est pas de Raphaël pour peindre l'expression de son regard et l'ineffable sérénité dont son visage est empreint!... Voilà un tableau de notre jeune et belle république!... Car ce sont des frères républicains, démocrates selon le Christ, que je viens de vous esquisser!... Ceux-là ne connaissent des maladies que les noms.

Avec ces. 2,375,000 00
Nous achetons encore 2 fermes dans la Bretagne et
    2 autres dans la Bourgogne, pour élever de
    bonnes vaches et récolter de bons vins, etc., tou-
    jours 100 arpents chaque ferme parce qu'elles
    sont mieux cultivées, ci. 1,000,000 00

            Reste. 1,375,000 00
Et nous bâtissons encore 3 propriétés. 300,000 00

            Reste. 75,000 00
L'année expirée, prélevons.

CHAP. XXI. Revenu de la 20e année.

16 fermes, ensemble.	1,600,000 00
Les 600 arpents et 2 moulins.	550,000 00
Administration générale, commerce universel. . . .	250,000 00
Ferme générale.	225,000 00
25 propriétés dans la ville.	250,000 00
Revenu total	2,375,000 00

Ainsi, mes chers amis, en vingt et un ans, par ce beau système d'association, nous sommes devenus, non des capitalistes, mais possesseurs légaux d'un revenu de 2,375,000 fr.

Maintenant, si nous voulions récapituler la quantité des biens que nous possédons, nous serions surpris et étonnés!... Récapitulons seulement les possessions les plus saillantes.

Une ferme générale.
Une propriété collective.
Bains, jardins et jeux.
Chapelle.
Moulin.
16 fermes.
25 propriétés particulières.
600 arpents de biens détachés.

Sans les marchandises du magasin, sans les produits contenus dans le bazar, sans les voitures des fermes, etc., accessoires, etc., chevaux, bœufs, vaches, moutons, porcs, volailles de toute espèce, etc., etc., quelle énorme quantité de biens en vingt ans!... Et pourtant, frères, nous pouvons acquérir cette fortune colossale, sans autre secours que notre industrie, notre économie et une somme de 1 f.. 50 c. par semaine.

Courage donc, à l'œuvre.

Ainsi des hommes économes, sages et laborieux, unis par l'association, ce système de fraternité, arriveront au bien-être social; les jeunes gens travaillent, les vieillards se reposent entourés d'estime et de respect, car ils sont les fondateurs de l'*Union laborieuse*.

Pour eux, sont en été des ombrages et des fleurs; en hiver les premières places au foyer.

Au centre du jardin s'élève un temple riche de sculpture, chef-d'œuvre de nos plus habiles ouvriers, c'est le temple de la Reconnaissance, cette vertu si rare parmi les hommes; sur l'autel sont les statues de la Liberté et de la Fraternité groupées avec celle de la Reconnaissance; sur le piédestal, sont gravés les noms bien chers des êtres généreux qui nous ont aidés à l'accomplissement de cette belle œuvre de régénération et réhabilitation de l'ouvrier honnête, mais malheureux.

Voilà l'avenir, ouvriers mes frères, comparez-le à la misère du présent, et venez à moi; unissons-nous, unissons-nous. C'est ce principe plein de force et de vie que je proclame, c'est la seule qui puisse nous arracher à l'exploitation des capitaux. Recueillez seuls les bénéfices de votre travail, ne vous laissez pas intimider par tant de gens intéressés à prolonger la chaîne qui vous rive à l'industrie.

De la force, du calme et du courage; la puissance de l'idée fait plus de ruines que la mitraille, et, sur ces ruines du passé, elle seule peut fonder et fondera son œuvre. Associez-vous donc, tous les éléments du succès sont épars dans vos mains; que votre Union fasse votre richesse, que la république vienne voir dans vos ateliers les principes d'une sage liberté, d'une égalité parfaite, d'une fraternité sans bornes.

A l'œuvre donc!... Courage.

L'ouvrier restant isolé, pourrait-il jamais parvenir à se créer un avenir aussi brillant? Supposons qu'au lieu de 2,375,000 fr. de revenu nous n'ayons que 1,200,000 fr.; cette somme donne encore 3,000 fr. de revenu par an à chaque famille. Quel ouvrier, par un travail de toutes les heures, est jamais arrivé à ce degré de prospérité que dans vingt et un ans l'association lui assure? Réunissez-vous donc.... Choisissez l'ouvrier le plus intelligent, groupez-vous autour de lui comme autour d'un père, et commencez vite, car les années s'écoulent rapides, et notre misère est tous les jours plus profonde.